Inhaltsverzeichnis

Allgemeine Hinweise

Das Heft „DaZ lernen: Schule und Familie mit dem Anybook Pro Audiostift“ ist in verschiedene Oberthemen eingeteilt, die sich an der Lebenswelt der ankommenden Grundschulkinder orientieren. So können sie mit Hilfe dieser Arbeitsblätter und des Stiftes einen ersten grundlegenden Wortschatz entwickeln, den sie benötigen, um sich in der Schule und im Alltag zurechtzufinden.

Der Schwerpunkt aller Übungen liegt auf dem Hörverstehen. Mit dem Anybook Pro Audiostift können sich die Kinder alle Wörter, Sätze und kleinen Texte anhören und die dazu passenden Aufgaben bearbeiten. So ist den Kindern ein individuelles Arbeiten von Beginn an möglich. Zudem erlernen sie von Anfang an die korrekte Aussprache.

Die meisten Kapitel beginnen mit **Wortschatzseiten.** Diese erfordern die besondere Aufmerksamkeit der Kinder, um die darauffolgenden Seiten bearbeiten zu können. Alle Lernwörter werden durch **Bilder und Wörter** ergänzt, damit sowohl nicht alphabetisierte als auch alphabetisierte Kinder mit den Wortschatzseiten gleichermaßen gut arbeiten können.
Zur vertiefenden Arbeit mit diesen Seiten können die Kinder

- allein die Wörter benennen und mit dem Stift kontrollieren, bis sie sie beherrschen, oder
- mit einem Partnerkind üben. (Kind 1 schließt die Augen, Kind 2 spielt ein Wort vor, Kind 1 zeigt es. Alternative: Kind 1 zeigt ein Bild, Kind 2 sagt das Wort, Kind 1 kontrolliert mit dem Stift.)

Wichtiger Hinweis zu Seite 6: Malen Sie im Kapitel „Zahlen und Farben“ bitte zuerst die Farbkleckse mit den Kindern zusammen richtig aus.

Die Arbeitsaufträge im Heft sind kurz und verständlich gehalten und durch Piktogramme ergänzt, damit die Kinder möglichst schnell selbstständig mit dem Material arbeiten können.

Die Seiten sind großzügig gestaltet und es wird auf ablenkende Details verzichtet, um den Fokus auf das Erlernen der neuen Sprache zu legen.

Es gibt Übungen zu den neu erarbeiteten Wörtern, aber auch Übungen, bei denen die Kinder die neuen Wörter im Kontext lernen und wiedererkennen müssen. Dies fördert ihre Aufmerksamkeit und Konzentration, die sie am gesamten Unterrichtsmorgen zum Verstehen einzelner Wörter und erster Redewendungen aufbringen müssen. Eine Liste mit der Verschriftlichung aller Audiodateien kann kostenlos online unter *www.buchverlagkempen.de* heruntergeladen werden (nach „DE245“ suchen, „Zusatzseiten“ anklicken).

Wenn die Kinder alphabetisiert sind und sicher die ersten Wortschatzbereiche erworben haben, können sie – begleitend – auch an den Heften aus den Reihen „Ich lerne Deutsch“ und „Ich lese Deutsch“ (z. B. Sonja Thomas: „DaZ Fit • Ich lerne Deutsch Band 1 – Systematische Sprachförderung für DaZ in der Grundschule“, BVK Buch Verlag Kempen, 4. Aufl. 2025) arbeiten, die den Fokus mehr auf die Schriftlichkeit setzen.

Um die Anybook-Datei nutzen zu können, müssen Sie diese zunächst von der Artikelseite in unserem Webshop herunterladen (siehe Audios unterhalb des Titelbildes):

www.buchverlagkempen.de/daz-lernen-schule-und-familie
(oder über die Suche: DE245)

Aktivierung
Anybook

Aktivierungscode
Anybook

Meine ersten wichtigen Sätze 1

1. Höre 5 Mal.
2. Sprich und höre. Kontrolliere.

Aktivierungscode Anybook

Meine ersten wichtigen Sätze 2

1. Höre 5 Mal.
2. Sprich und höre. Kontrolliere.

BVK • Thomas, Sonja: DaZ lernen: Schule und Familie mit dem Anybook Pro Audiostift

Aktivierungscode
Anybook

Meine ersten wichtigen Sätze 3

1. Höre 5 Mal.
2. Sprich und höre. Kontrolliere.

Aktivierungscode Anybook

Zahlen und Farben 1

1. Höre 5 Mal.

2. Sprich und höre. Kontrolliere.

rot	1	eins
gelb	2	zwei
orange	3	drei
grün	4	vier
blau	5	fünf
lila	6	sechs
rosa	7	sieben
braun	8	acht
schwarz	9	neun
grau	10	zehn

Aktivierungscode Anybook

Zahlen und Farben 2

1. Höre.
2. Male an.

Aktivierungscode
Anybook

Zahlen und Farben 3

1. Höre.
2. Schreibe und male an.

BVK • Thomas, Sonja: DaZ lernen: Schule und Familie mit dem Anybook Pro Audiostift

Aktivierungscode
Anybook

Meine Schulsachen 1

1. Höre 5 Mal.
2. Sprich und höre. Kontrolliere.

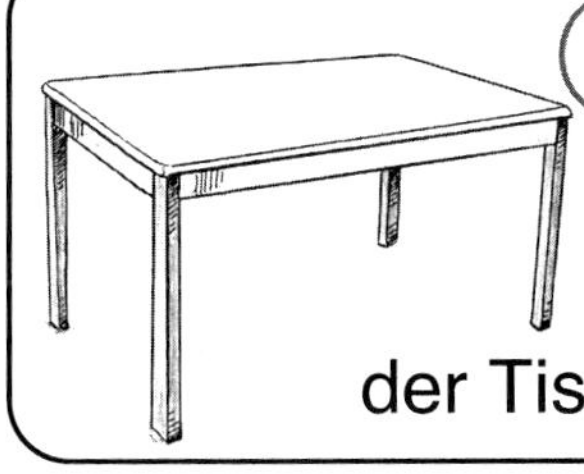
der Tisch

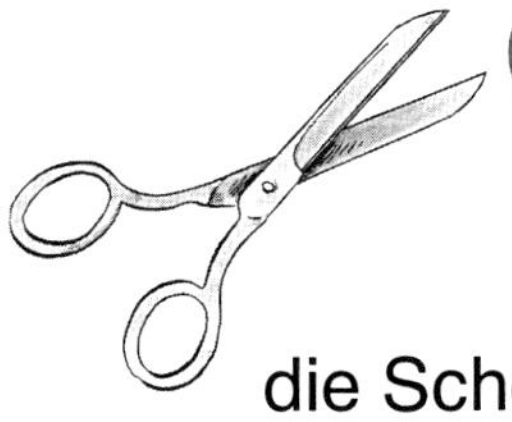
die Schere

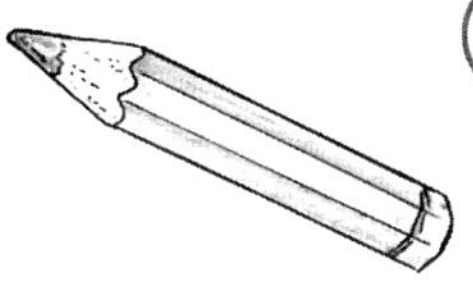
der Buntstift

die Tafel

das Heft

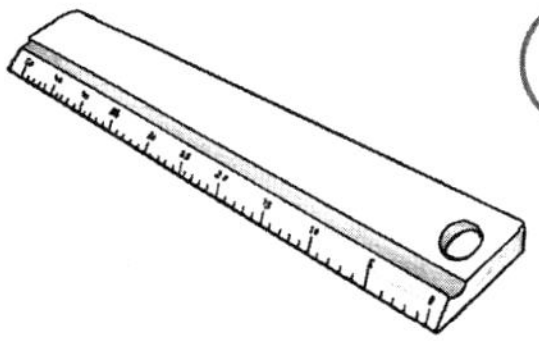
das Lineal

der Turnbeutel

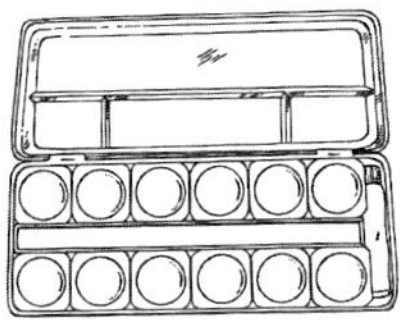
der Farbkasten

der Kleber

der Bleistift

der Stuhl

das Buch

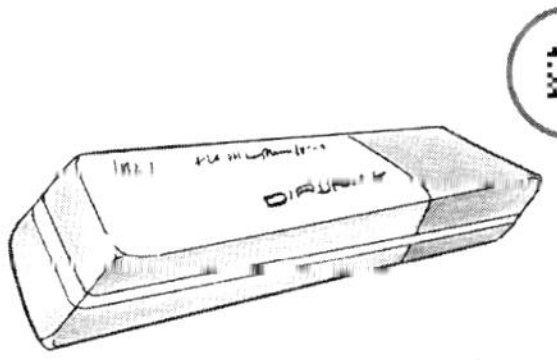
der Radiergummi

die Schultasche

der Schnellhefter

der Anspitzer

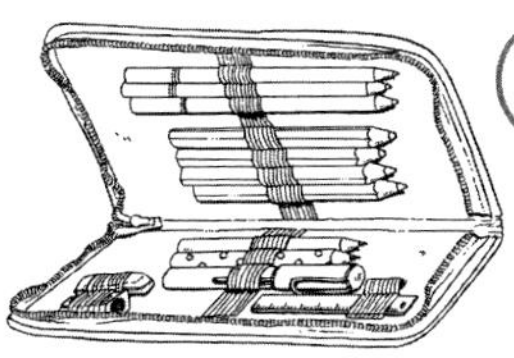
die Federmappe

der Pinsel

Meine Schulsachen 2

Höre und verbinde.

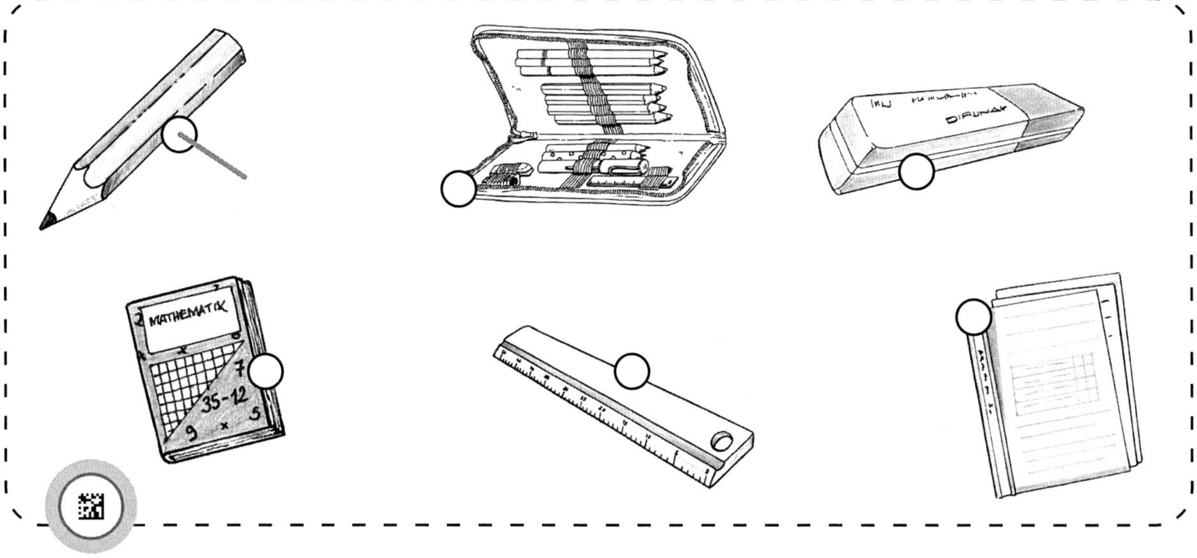

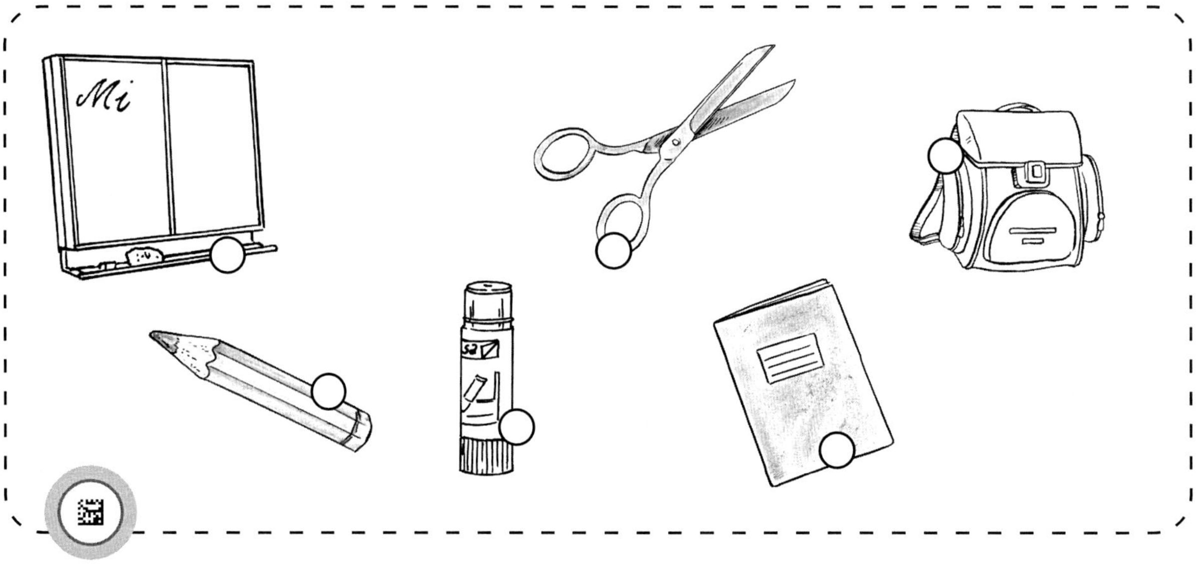

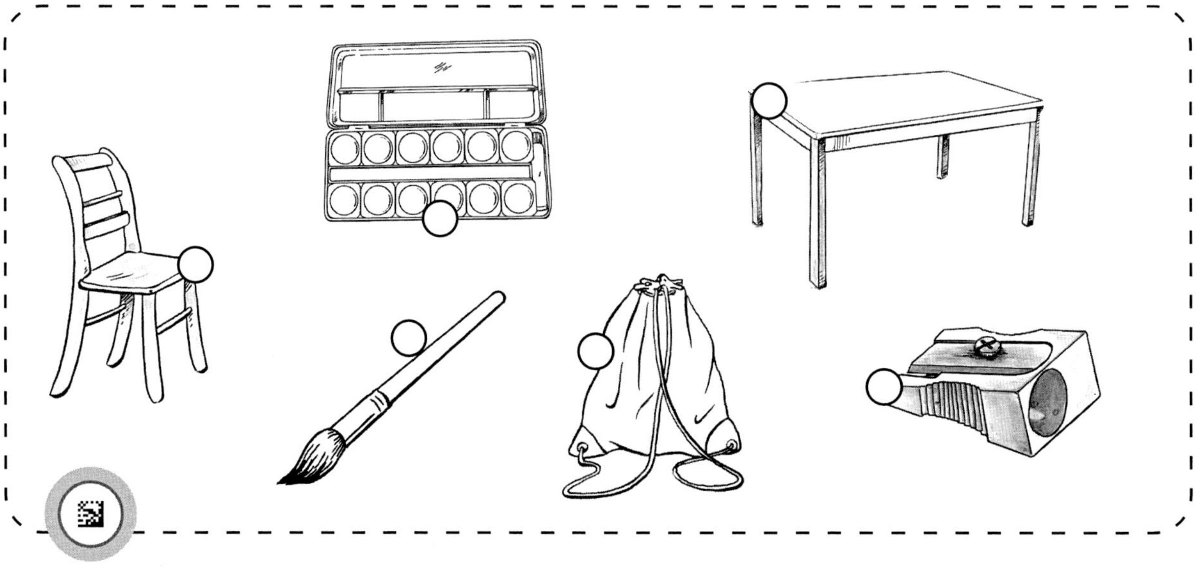

BVK • Thomas, Sonja: DaZ lernen: Schule und Familie mit dem Anybook Pro Audiostift

Aktivierungscode Anybook

Meine Schulsachen 3

Höre und 1 nummeriere.

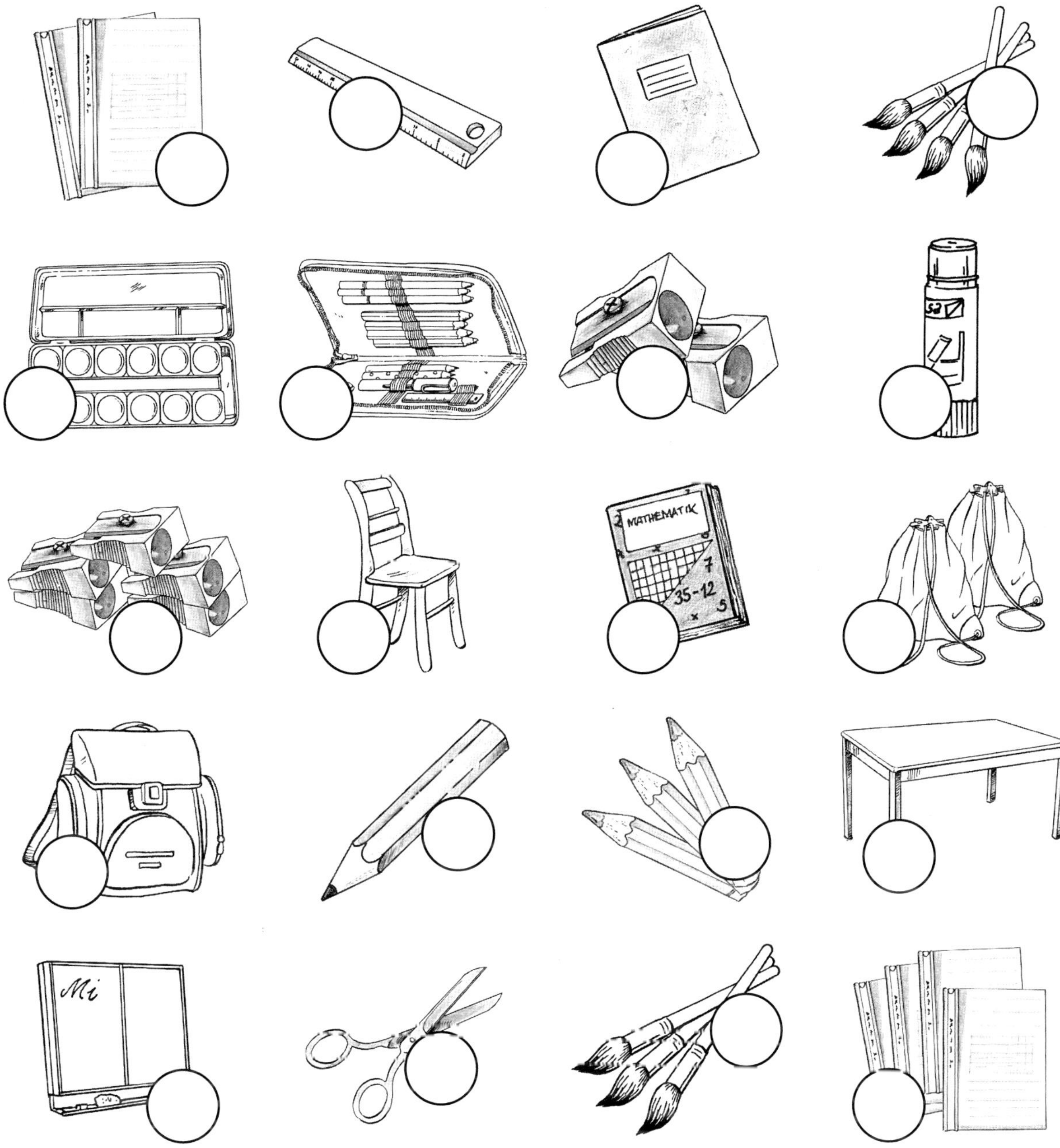

1	2	3	4	5
6	7	8	9	10
11	12	13	14	15
16	17	18	19	20

BVK • Thomas, Sonja: DaZ lernen: Schule und Familie mit dem Anybook Pro Audiostift

Aktivierungscode Anybook

Meine Schulsachen 4

Höre und ☒ kreuze an.

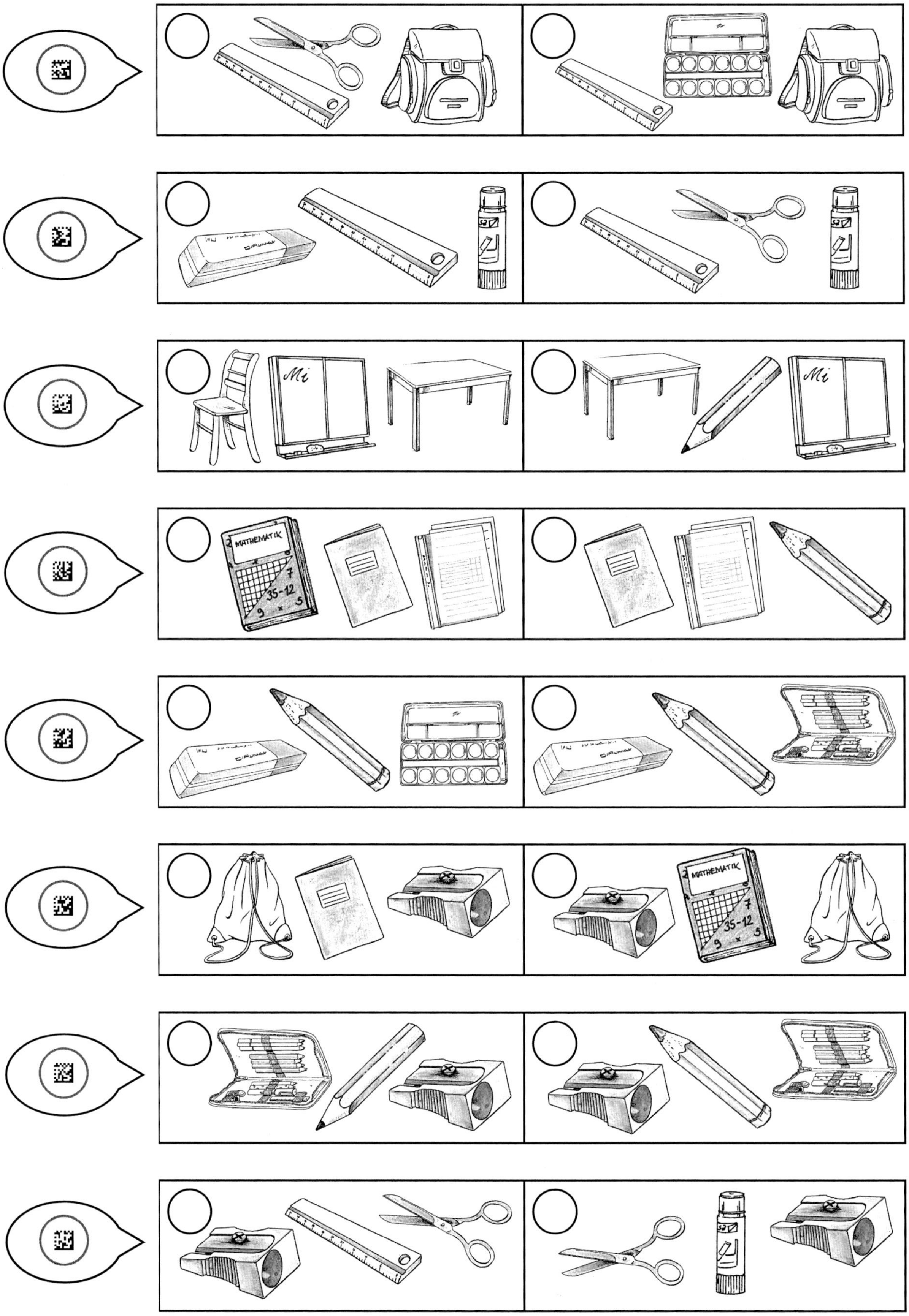

Aktivierungscode
Anybook

Meine Schulsachen 5

1. Höre und verbinde.

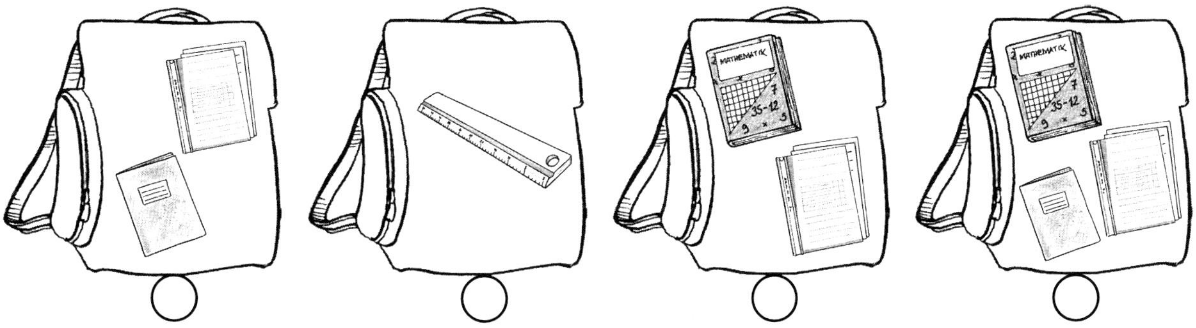

2. Höre und male.

Aktivierungscode Anybook

Meine Schulsachen 6

Höre und schreibe.

BVK • Thomas, Sonja: DaZ lernen: Schule und Familie mit dem Anybook Pro Audiostift

Aktivierungscode Anybook

Mein Tagesplan und meine Aktivitäten 1

1. Höre 5 Mal.
2. Sprich und höre. Kontrolliere.

aufzeigen

lesen

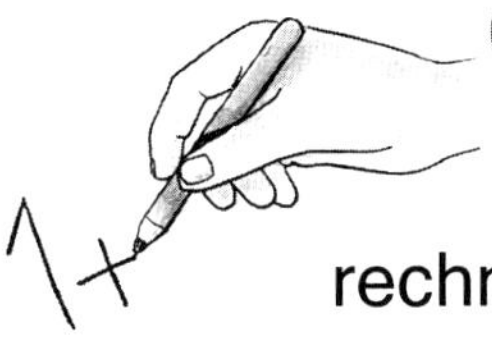
rechnen

schreiben

malen

anstellen

warten

zuhören

flüstern

helfen

Mathematik

Deutsch

Englisch

Sport

Kunst

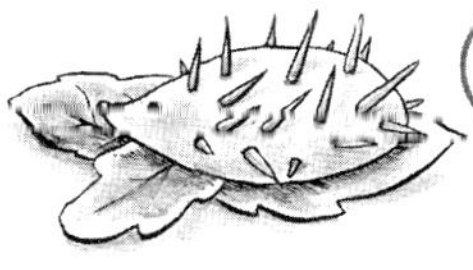
Sachunterricht

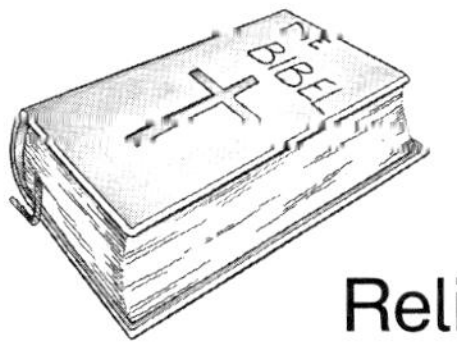

Religion

Musik

das Frühstück

die Pause

Aktivierungscode Anybook

Mein Tagesplan und meine Aktivitäten 2

1. Höre und verbinde.

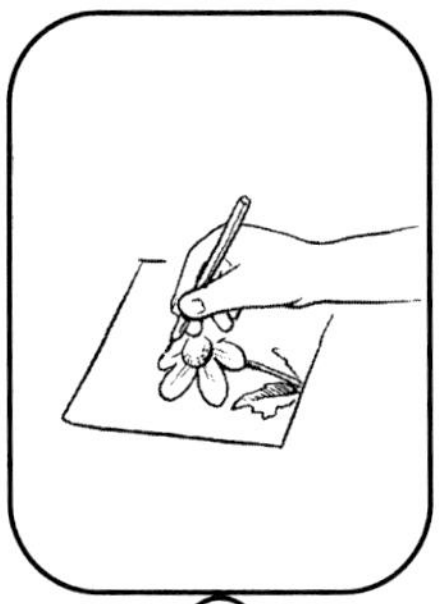
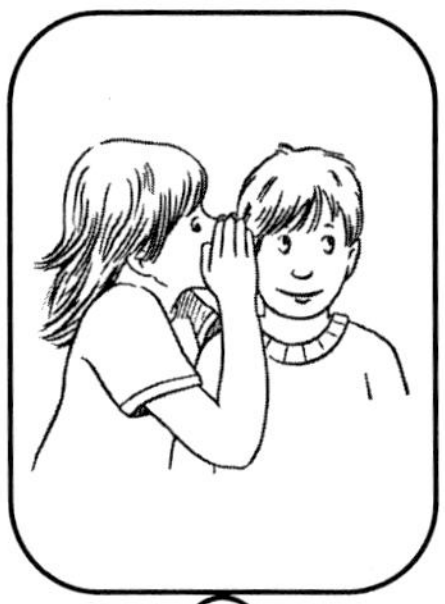

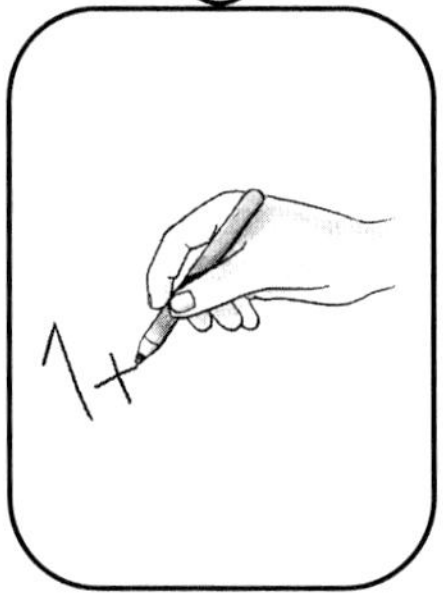
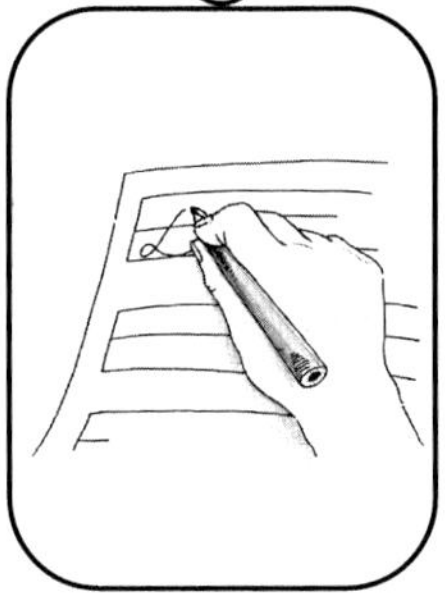

2. Höre und verbinde.

Aktivierungscode Anybook

Mein Tagesplan und meine Aktivitäten 3

Höre und male an.

Mein Stundenplan

	Montag	Dienstag	Mittwoch	Donnerstag	Freitag
1. Stunde		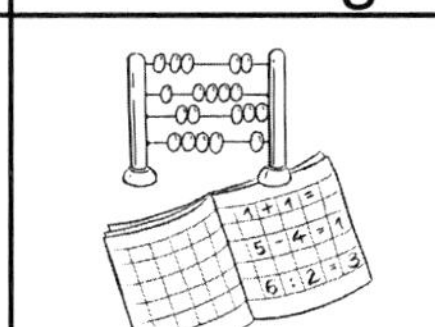	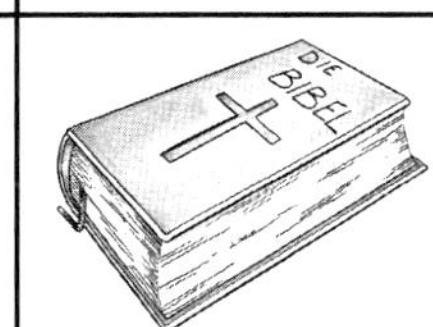	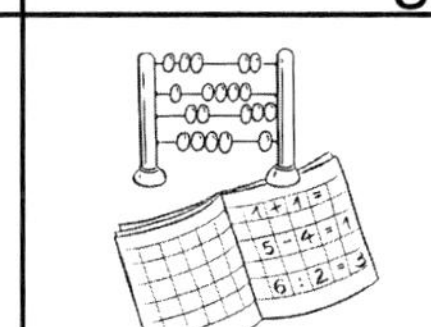	
2. Stunde	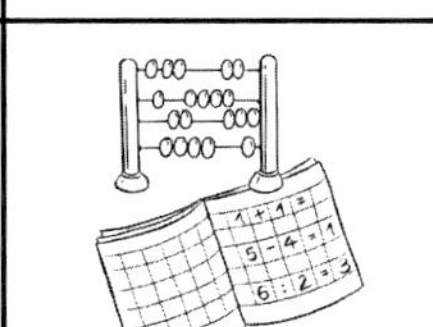				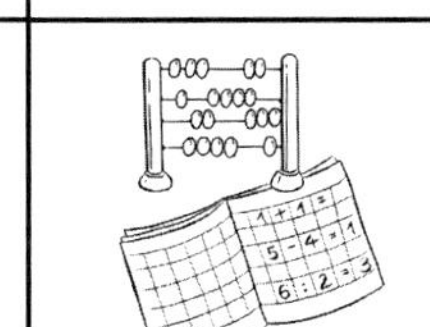
Pause					
3. Stunde			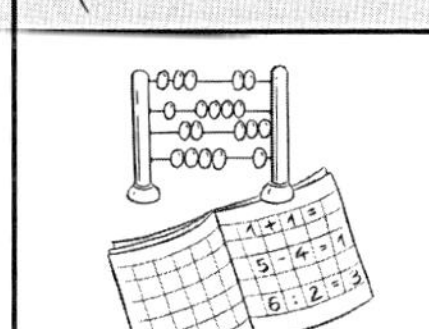		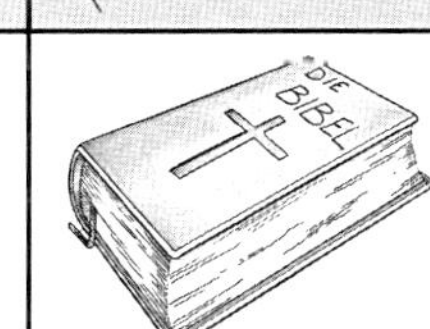
4. Stunde			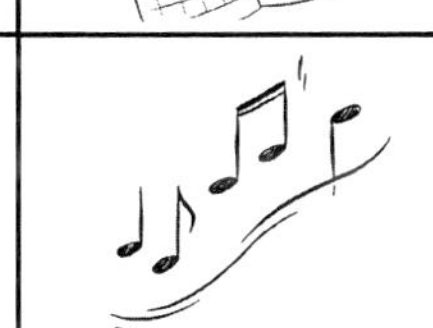		
Pause					
5. Stunde	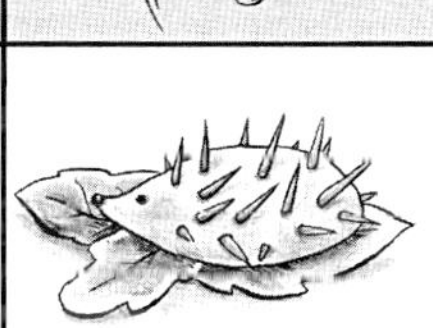				
6. Stunde	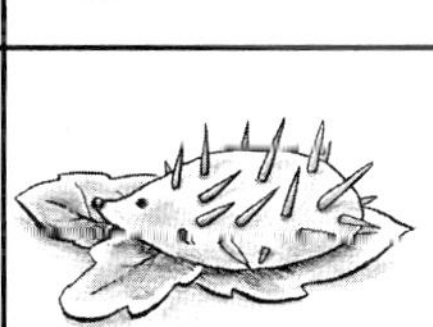				

Aktivierungscode Anybook

Mein Tagesplan und meine Aktivitäten 4

Höre und 1 nummeriere.

1 2 3 4 5 6

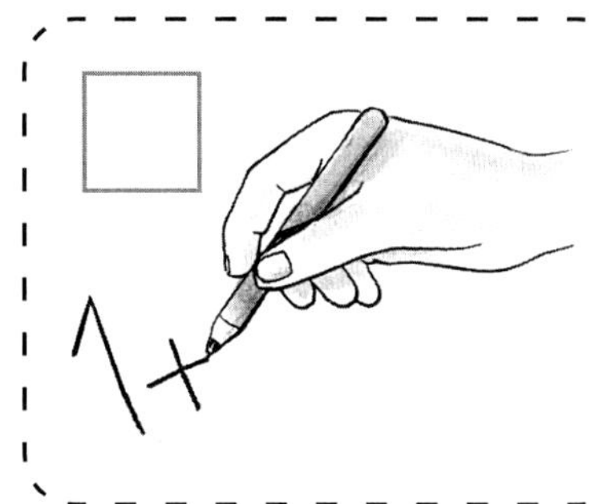

7 8 9 10 11 12

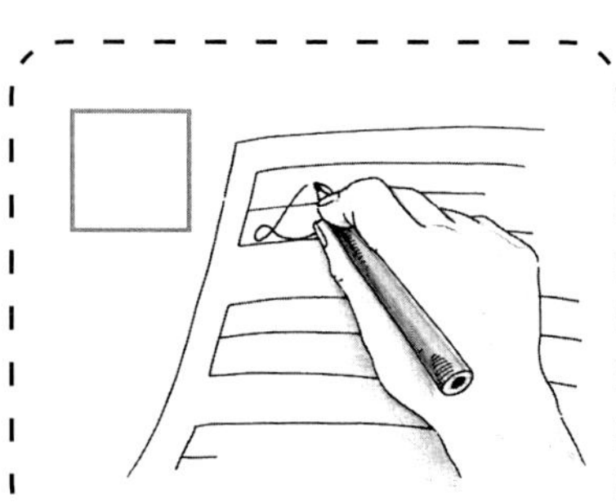

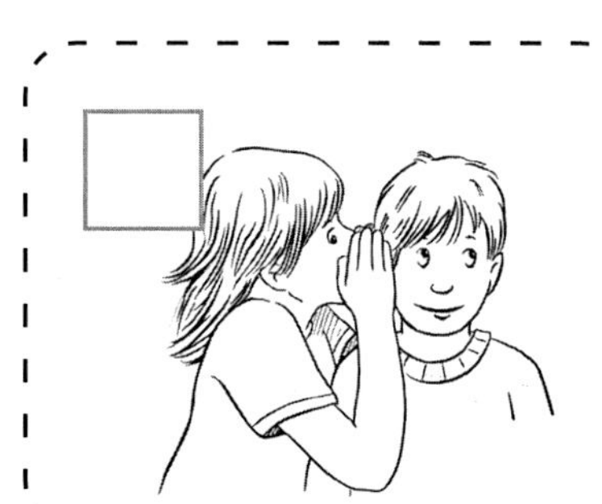

Aktivierungscode Anybook

Mein Tagesplan und meine Aktivitäten 5

Höre und ☒ kreuze an.

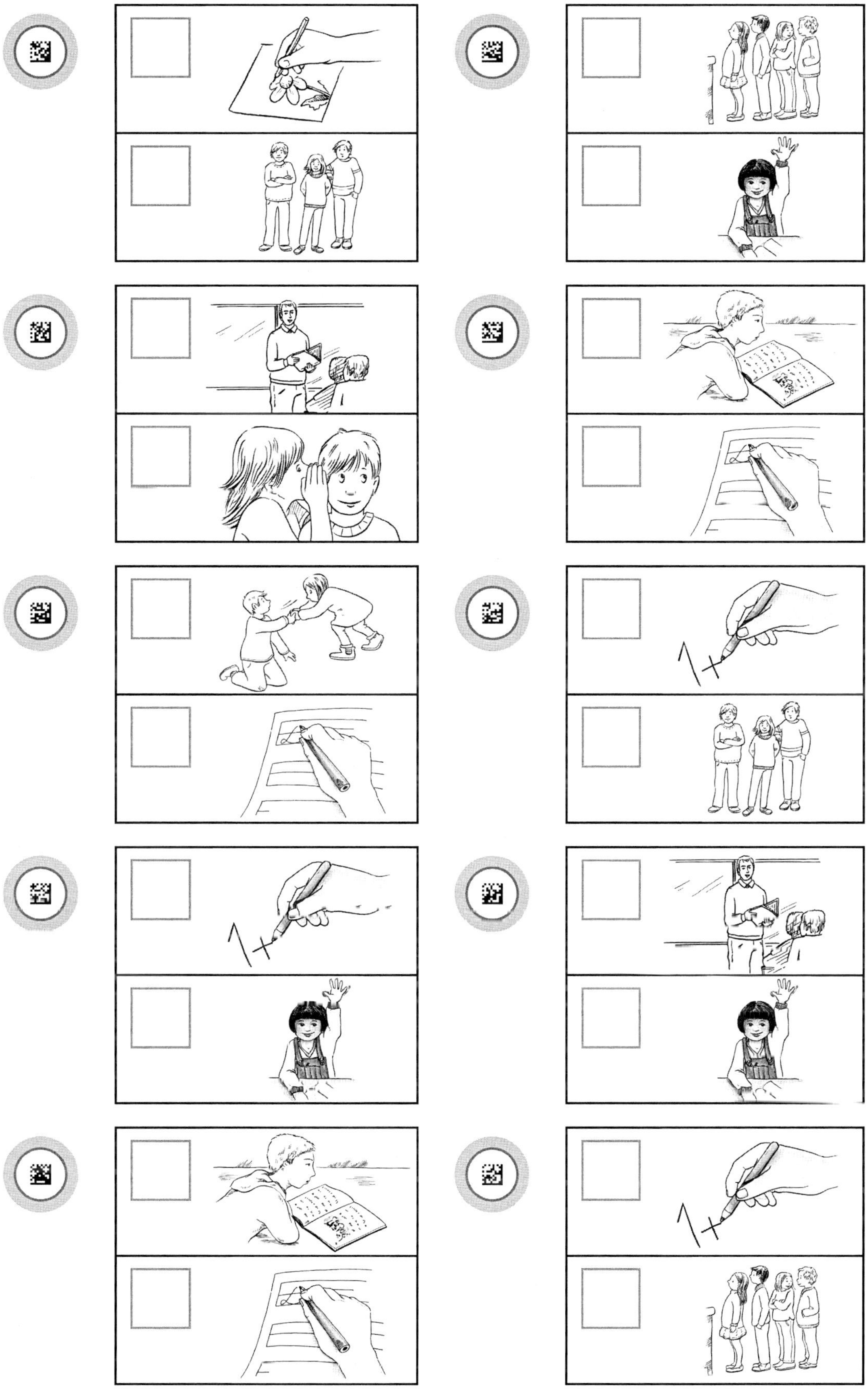

BVK • Thomas, Sonja: DaZ lernen: Schule und Familie mit dem Anybook Pro Audiostift

Aktivierungscode Anybook

In der Pause 1

1. Höre 5 Mal.
2. Sprich und höre. Kontrolliere.

der Schulhof

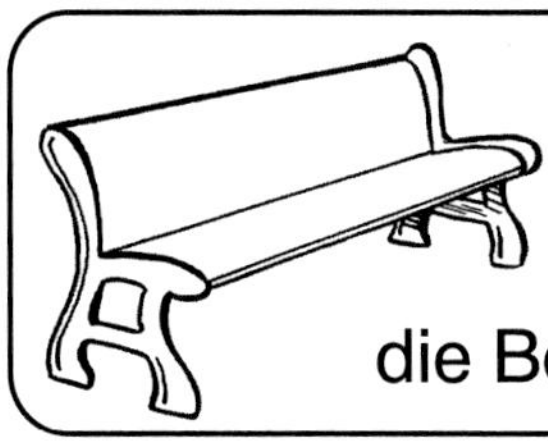
die Bank

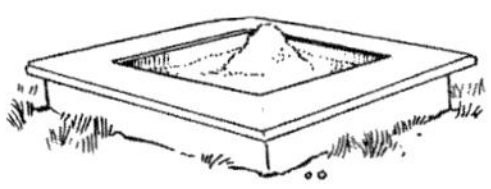
der Sandkasten

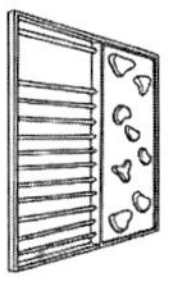
die Kletterwand

das Fußballtor

der Fußball

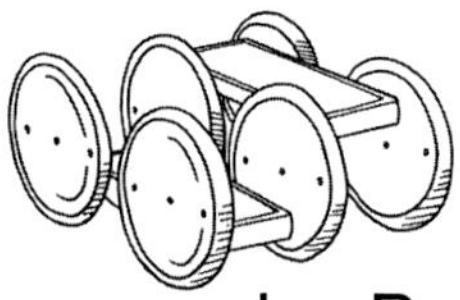
das Pedalo

die Stelzen

die Rutsche

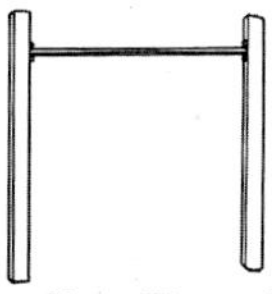
die Reckstange

das Seilchen

die Pferdeleine

der Basketballkorb

der Basketball

der Balancierbalken

laufen

springen

schießen

rutschen

klettern

fahren

Aktivierungscode Anybook

In der Pause 2

Höre und nummeriere.

1	2	3	4	5
6	7	8	9	10
11	12	13	14	15

Aktivierungscode
Anybook

In der Pause 3

1. Höre und verbinde.

2. Höre und male.

BVK • Thomas, Sonja: DaZ lernen: Schule und Familie mit dem Anybook Pro Audiostift

Aktivierungscode
Anybook

In der Pause 4

1. Höre und ✏ 1 nummeriere.
2. Höre und 👄 sprich allein.

1 2 3 4 5 6

7 8 9 10 11 12

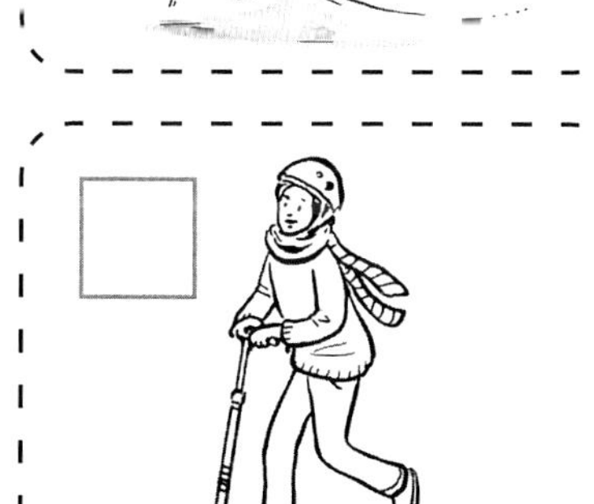

Aktivierungscode Anybook

Meine Familie 1

1. Höre 5 Mal.
2. Sprich und höre. Kontrolliere.

BVK • Thomas, Sonja: DaZ lernen: Schule und Familie mit dem Anybook Pro Audiostift

Aktivierungscode
Anybook

Meine Familie 2

Höre und kreise ein.

1 2 3	3 8 10	4 5 10
6 2 8	1 4 11	4 9 3
1 7 4	2 9 8	4 7 12
2 3 9	5 6 7	4 1 10

BVK • Thomas, Sonja: DaZ lernen: Schule und Familie mit dem Anybook Pro Audiostift

Aktivierungscode Anybook

Meine Familie 3

Höre und verbinde.

Aktivierungscode Anybook

Meine Familie 4

1. Höre die Geschichte.
2. Male unten an.

Teil 1 | Teil 2 | Teil 3 | Teil 4

1 ☺ ☹	2 ☺ ☹	3 ☺ ☹	4 ☺ ☹
5 ☺ ☹	6 ☺ ☹	7 ☺ ☹	8 ☺ ☹
9 ☺ ☹	10 ☺ ☹	11 ☺ ☹	12 ☺ ☹
13 ☺ ☹	14 ☺ ☹	15 ☺ ☹	

Aktivierungscode Anybook

Ich stelle mich vor: Ein kleines Interview 1

1. Höre 5 Mal.
2. Sprich und höre. Kontrolliere.

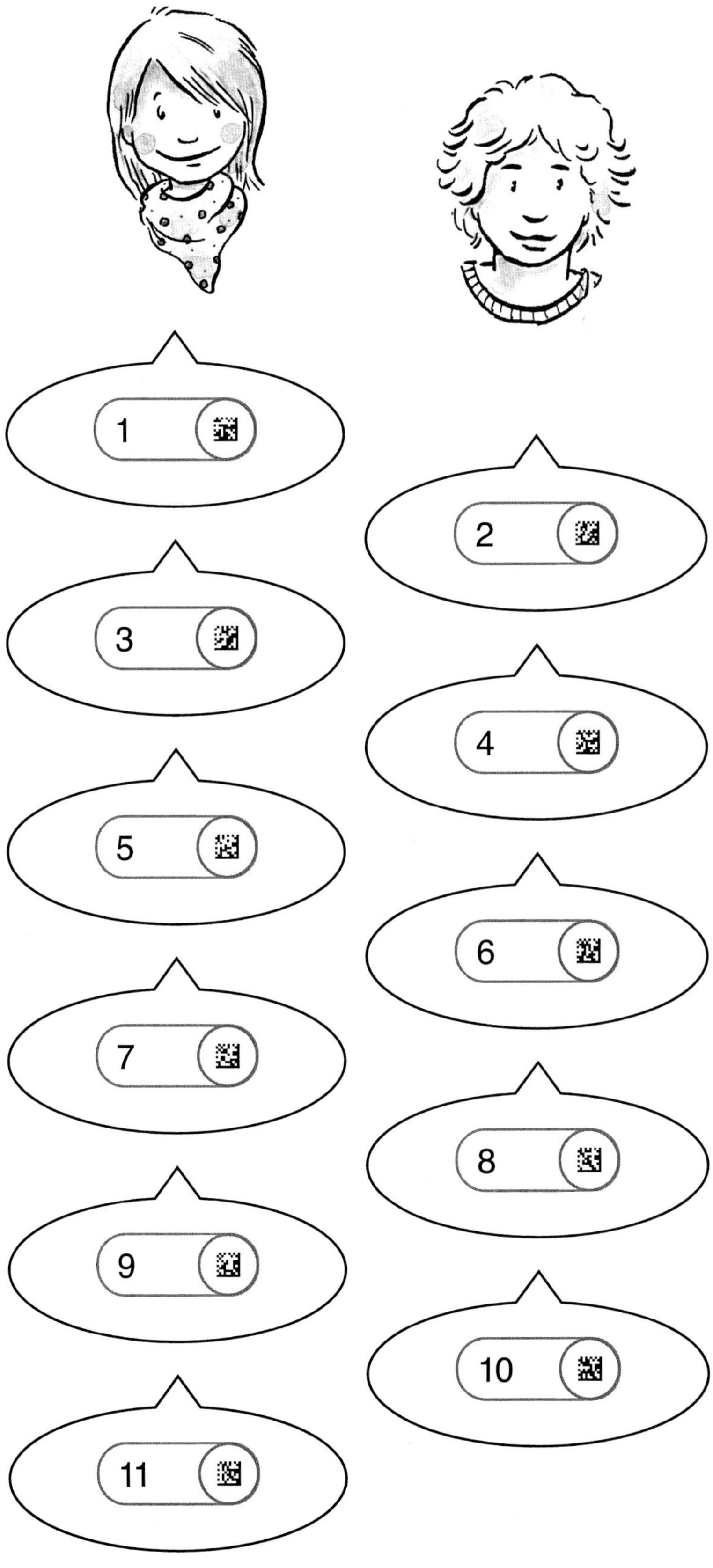

Aktivierungscode Anybook

Ich stelle mich vor: Ein kleines Interview 2

Höre und verbinde Frage und Antwort richtig.

Aktivierungscode Anybook

Ich stelle mich vor: Ein kleines Interview 3

1. Spiele das Spiel.

   Du brauchst: 1 Partner, 1 Würfel, 2 Spielfiguren

2. Antwortet auf die Fragen.

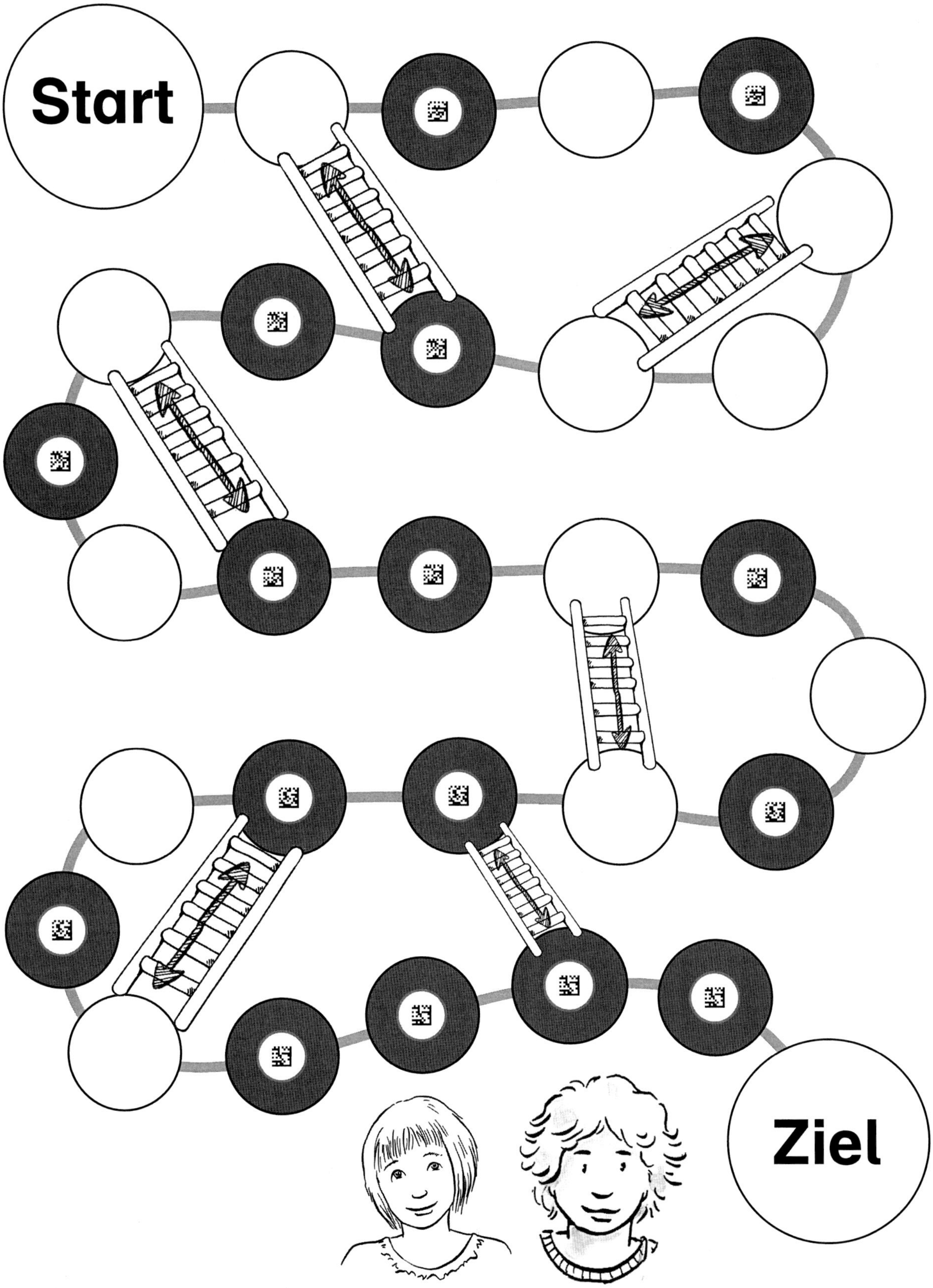

Wohnen 1

1. Höre 5 Mal.

2. Sprich und höre. Kontrolliere.

das Haus

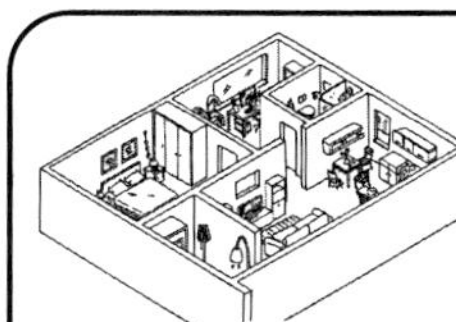
die Wohnung

das Hochhaus

das Schlafzimmer

das Kinderzimmer

das Badezimmer

das Gäste-WC

die Küche

das Wohnzimmer

das Büro

der Keller

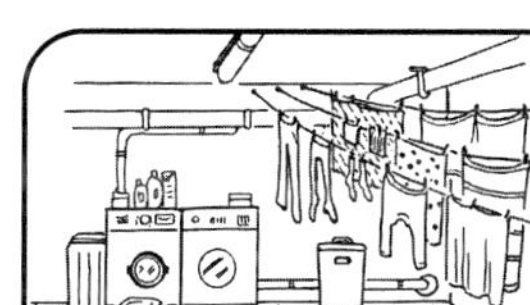
der Waschkeller

der Vorratsraum

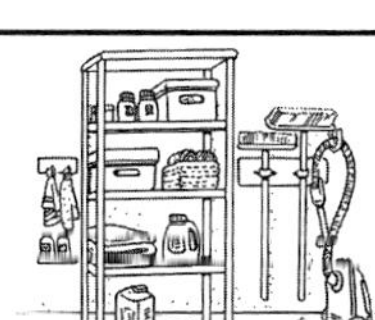
der Abstellraum

die Terrasse

der Balkon

der Garten

die Garage

die Treppe

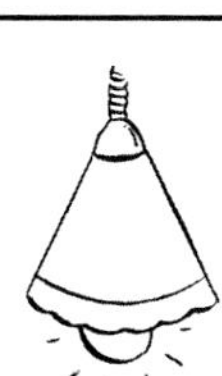
die Lampe

die Uhr

Aktivierungscode Anybook

Wohnen 2

1. Höre 5 Mal.

2. Sprich und höre. Kontrolliere.

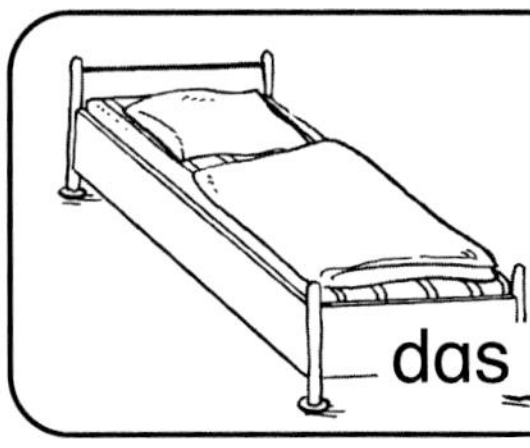
das Bett

der Schrank

das Regal

der Sessel

das Sofa

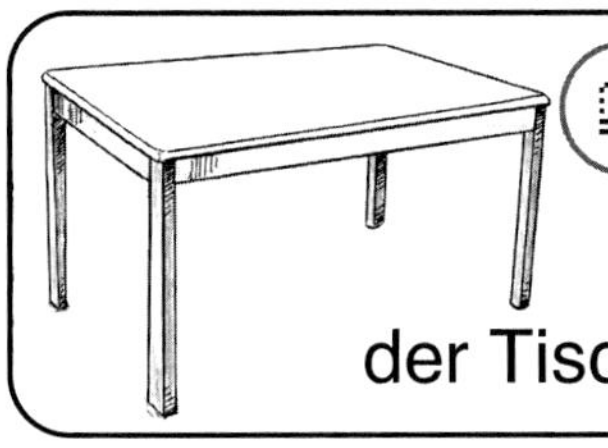
der Tisch

der Stuhl

der Fernseher

der Computer

der Teppich

die Badewanne

die Dusche

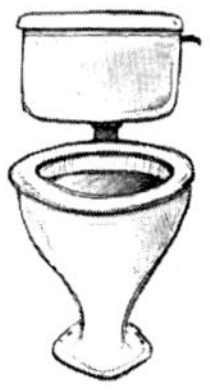
die Toilette

das Waschbecken

die Spülmaschine

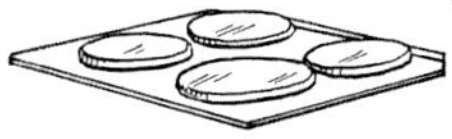
der Herd

der Backofen

der Kühlschrank

die Waschmaschine

der Trockner

BVK • Thomas, Sonja: DaZ lernen: Schule und Familie mit dem Anybook Pro Audiostift

Aktivierungscode
Anybook

Wohnen 3

Höre und ✏ 1 und nummeriere.

Aktivierungscode Anybook

Wohnen 4

Höre und ☒ kreuze an.

- ☐ Wohnzimmer
- ☐ Badezimmer
- ☐ Schlafzimmer
- ☐ Küche

- ☐ Wohnzimmer
- ☐ Badezimmer
- ☐ Schlafzimmer
- ☐ Küche

- ☐ Wohnzimmer
- ☐ Badezimmer
- ☐ Schlafzimmer
- ☐ Küche

- ☐ Wohnzimmer
- ☐ Badezimmer
- ☐ Schlafzimmer
- ☐ Küche

- ☐ Wohnzimmer
- ☐ Badezimmer
- ☐ Schlafzimmer
- ☐ Küche

- ☐ Wohnzimmer
- ☐ Badezimmer
- ☐ Schlafzimmer
- ☐ Küche

- ☐ Wohnzimmer
- ☐ Badezimmer
- ☐ Schlafzimmer
- ☐ Küche

- ☐ Wohnzimmer
- ☐ Badezimmer
- ☐ Schlafzimmer
- ☐ Küche

BVK • Thomas, Sonja: DaZ lernen: Schule und Familie mit dem Anybook Pro Audiostift

Aktivierungscode
Anybook

Wohnen 5

Höre und verbinde.

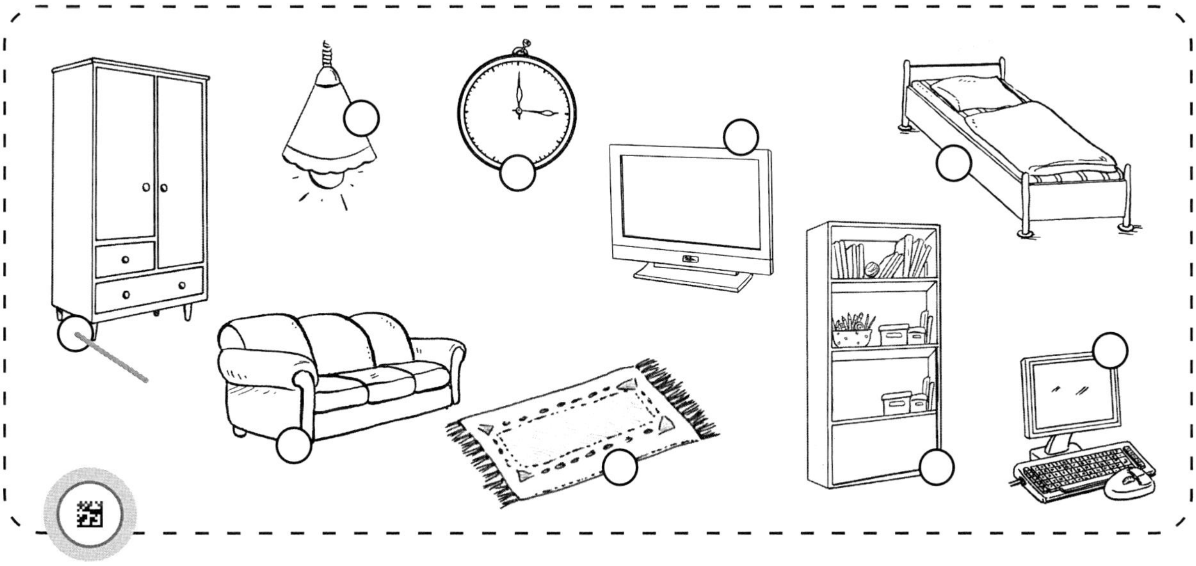

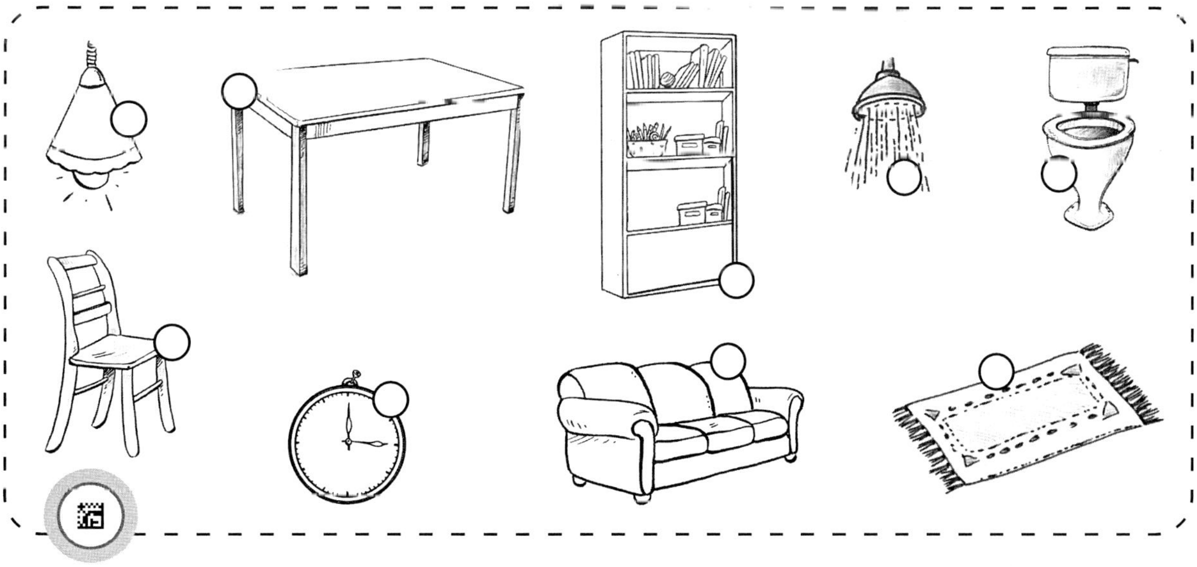

Aktivierungscode Anybook

Wohnen 6

Höre und ⊠ kreuze an.

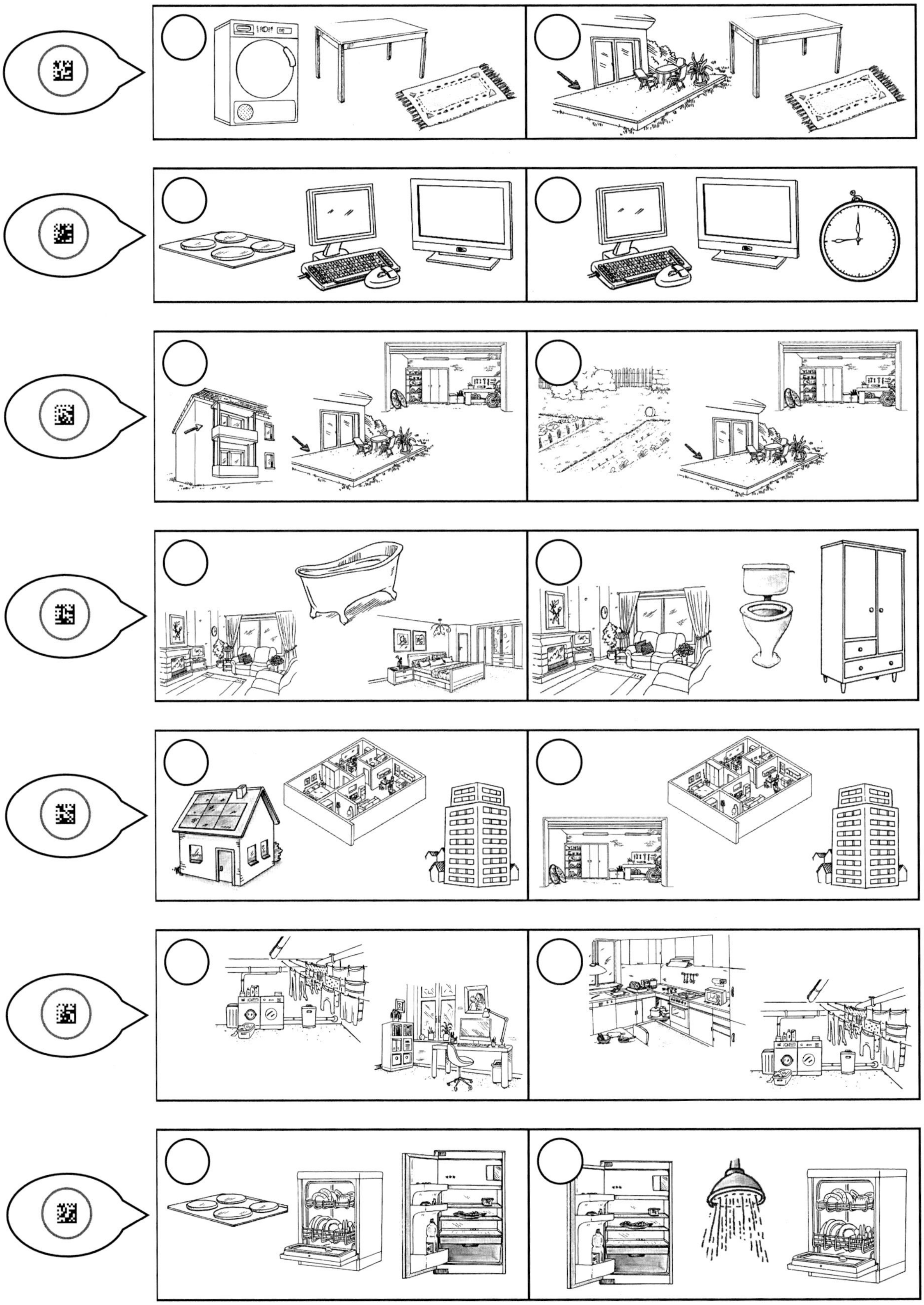

BVK • Thomas, Sonja: DaZ lernen: Schule und Familie mit dem Anybook Pro Audiostift

Aktivierungscode Anybook

Wohnen 7

Höre und male.

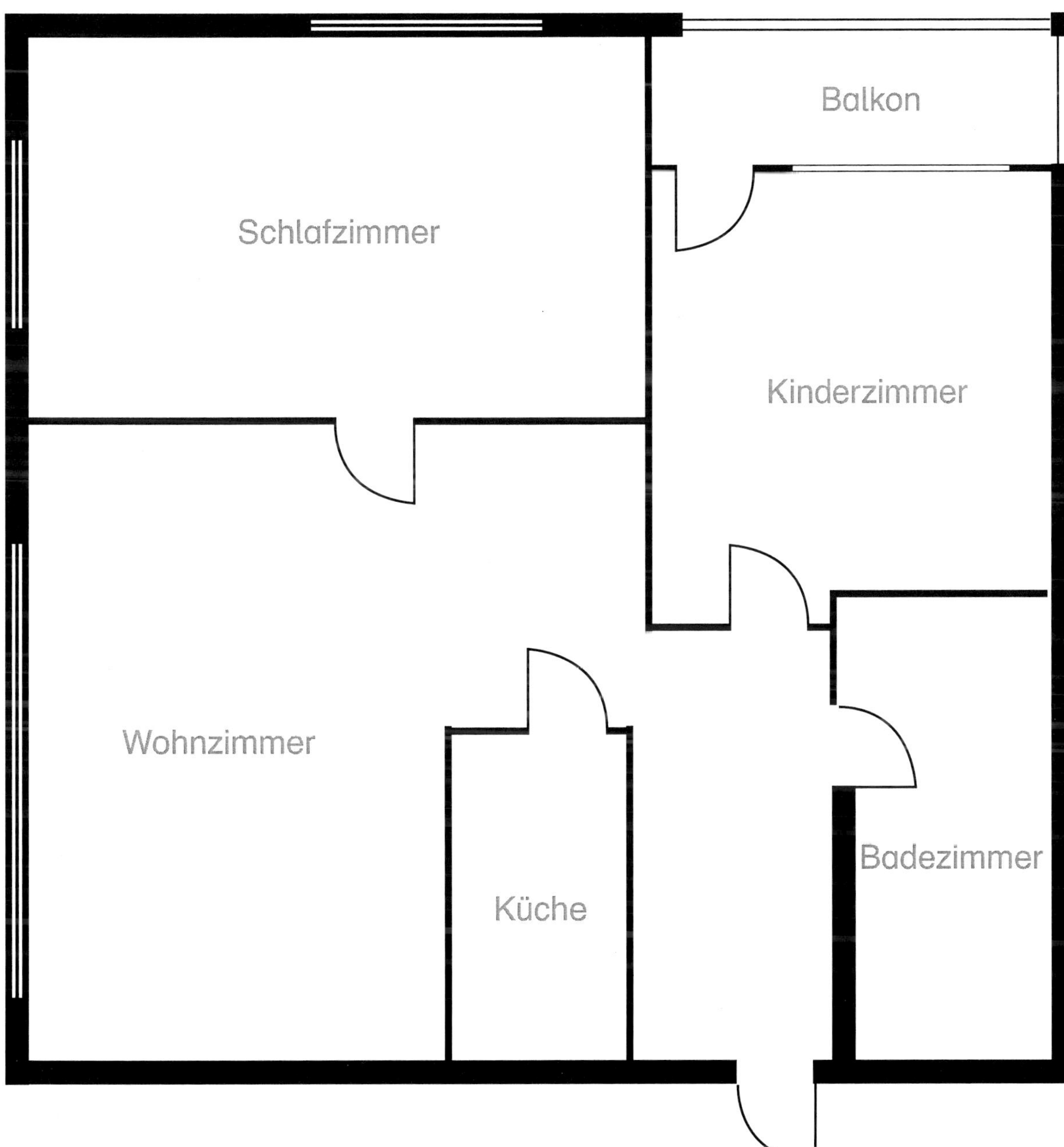

Wohnen 8

Höre und [1] und nummeriere.

1 2 3 4 5 6 7 8

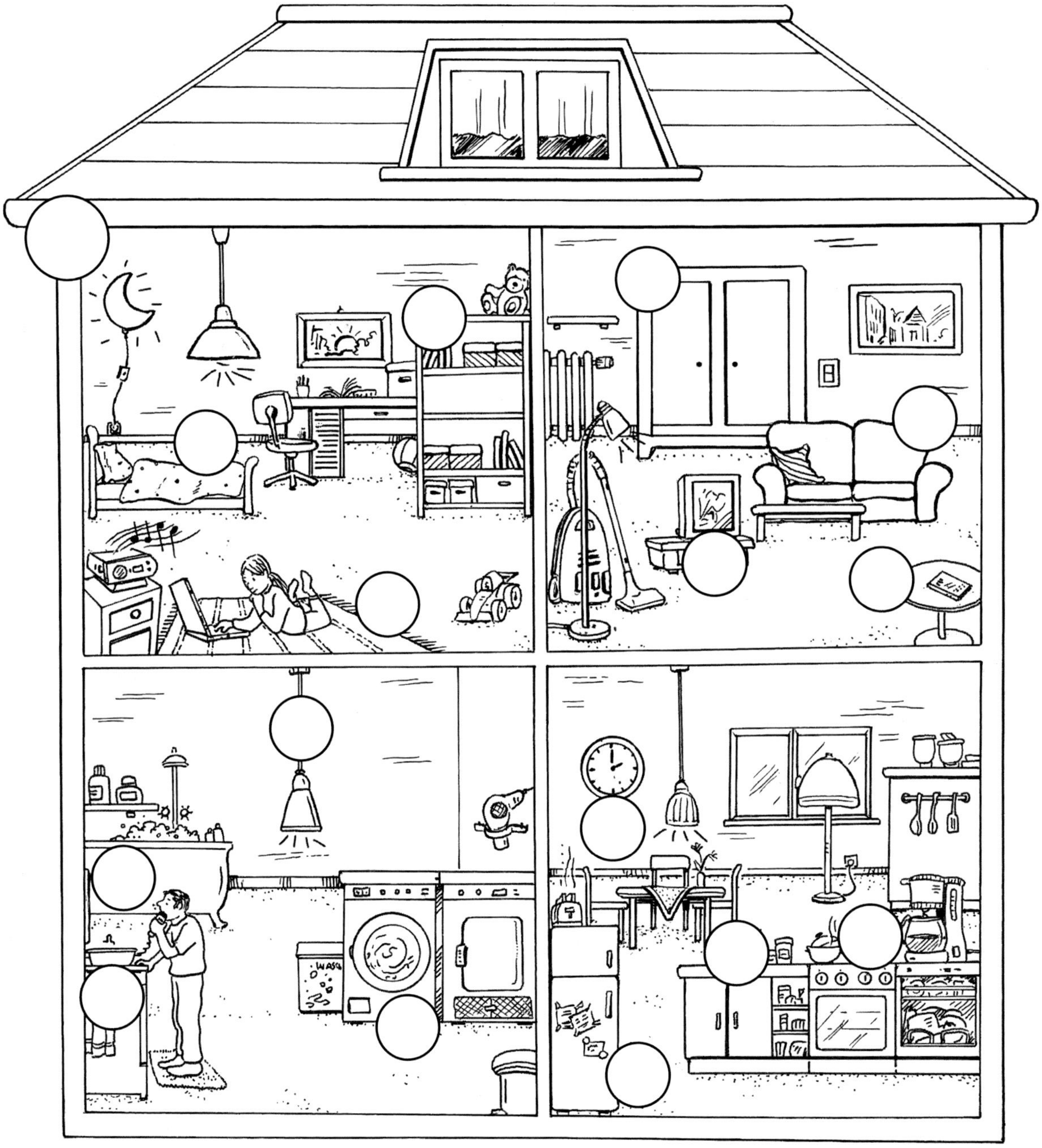

9 10 11 12 13 14 15 16

Aktivierungscode Anybook

Wohnen 9

Höre und schreibe.

Lösungssatz:

1	2	3		4	5	6

7	8	9	10		11	12	13		14

Aktivierungscode Anybook

Wohnen 10

Höre und schreibe.

BVK • Thomas, Sonja: DaZ lernen: Schule und Familie mit dem Anybook Pro Audiostift